This book belongs to:

_____

2022 Calender

JANUARY - JUNE

JANUARY

SUN	MON	TUE	WED	THU	FRI	SAT
26	27	28	29	30	31	1
2	3	4	5	6	7	8
9	10	11	12	13	14	15
16	17	18	19	20	21	22
23	24	25	26	27	28	29
30	31					

FEBRUARY

SUN	MON	TUE	WED	THU	FRI	SAT
30	31	1	2	3	4	5
6	7	8	9	10	11	12
13	14	15	16	17	18	19
20	21	22	23	24	25	26
27	28					

MARCH

SUN	MON	TUE	WED	THU	FRI	SAT
27	28	1	2	3	4	5
6	7	8	9	10	11	12
13	14	15	16	17	18	19
20	21	22	23	24	25	26
27	28	29	30	31		

APRIL

SUN	MON	TUE	WED	THU	FRI	SAT
27	28	29	30	31	1	2
3	4	5	6	7	8	9
10	11	12	13	14	15	16
17	18	19	20	21	22	23
24	25	26	27	28	29	30

MAY

SUN	MON	TUE	WED	THU	FRI	SAT
1	2	3	4	5	6	7
8	9	10	11	12	13	14
15	16	17	18	19	20	21
22	23	24	25	26	27	28
29	30	31				

JUNE

SUN	MON	TUE	WED	THU	FRI	SAT
29	30	31	1	2	3	4
5	6	7	8	9	10	11
12	13	14	15	16	17	18
19	20	21	22	23	24	25
26	27	28	29	30		

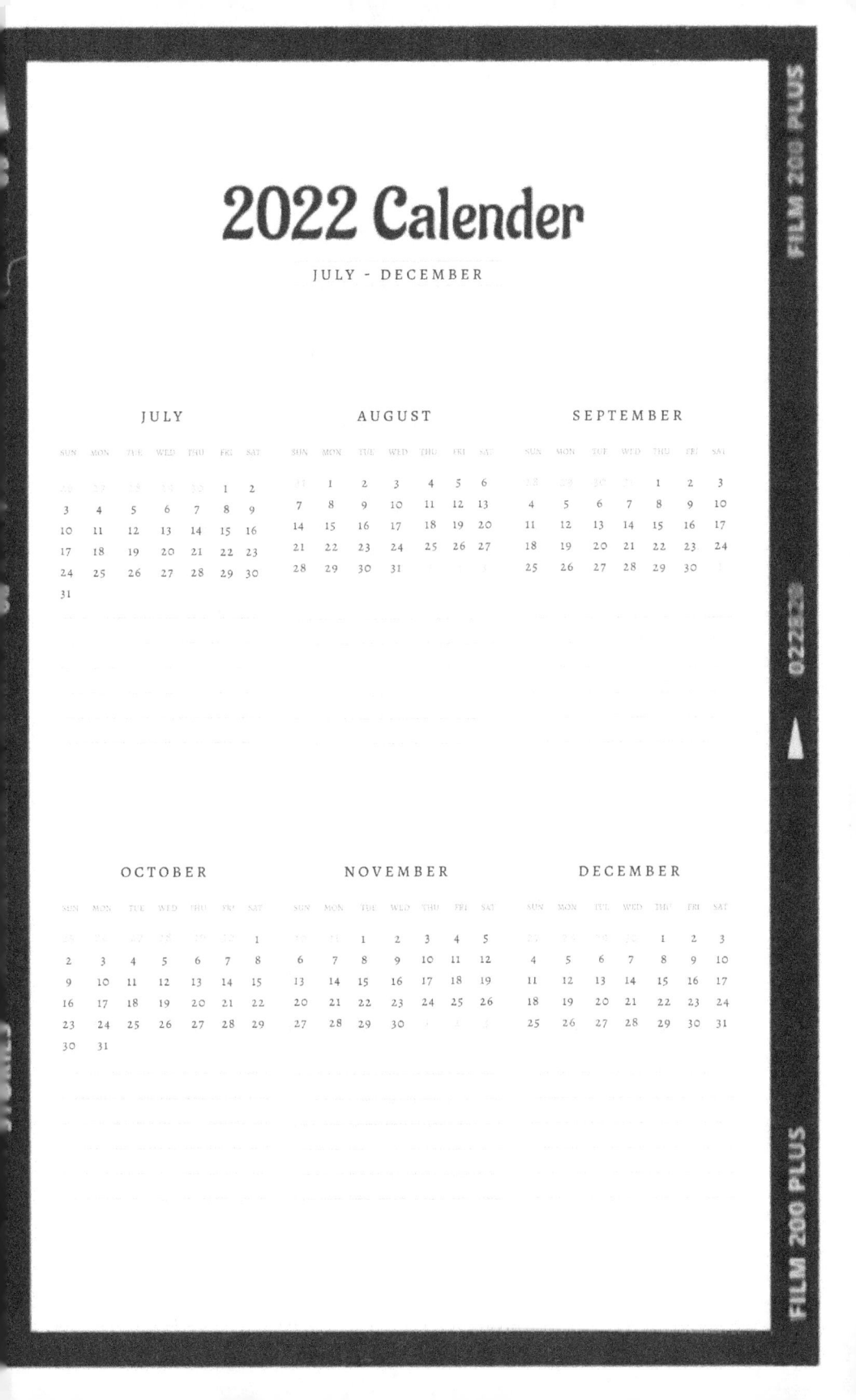

2022 Calender

JULY - DECEMBER

JULY

SUN	MON	TUE	WED	THU	FRI	SAT
					1	2
3	4	5	6	7	8	9
10	11	12	13	14	15	16
17	18	19	20	21	22	23
24	25	26	27	28	29	30
31						

AUGUST

SUN	MON	TUE	WED	THU	FRI	SAT
	1	2	3	4	5	6
7	8	9	10	11	12	13
14	15	16	17	18	19	20
21	22	23	24	25	26	27
28	29	30	31			

SEPTEMBER

SUN	MON	TUE	WED	THU	FRI	SAT
				1	2	3
4	5	6	7	8	9	10
11	12	13	14	15	16	17
18	19	20	21	22	23	24
25	26	27	28	29	30	

OCTOBER

SUN	MON	TUE	WED	THU	FRI	SAT
						1
2	3	4	5	6	7	8
9	10	11	12	13	14	15
16	17	18	19	20	21	22
23	24	25	26	27	28	29
30	31					

NOVEMBER

SUN	MON	TUE	WED	THU	FRI	SAT
		1	2	3	4	5
6	7	8	9	10	11	12
13	14	15	16	17	18	19
20	21	22	23	24	25	26
27	28	29	30			

DECEMBER

SUN	MON	TUE	WED	THU	FRI	SAT
				1	2	3
4	5	6	7	8	9	10
11	12	13	14	15	16	17
18	19	20	21	22	23	24
25	26	27	28	29	30	31

2023 Calender

JANUARY - JUNE

JANUARY

SUN	MON	TUE	WED	THU	FRI	SAT
1	2	3	4	5	6	7
8	9	10	11	12	13	14
15	16	17	18	19	20	21
22	23	24	25	26	27	28
29	30	31				

FEBRUARY

SUN	MON	TUE	WED	THU	FRI	SAT
			1	2	3	4
5	6	7	8	9	10	11
12	13	14	15	16	17	18
19	20	21	22	23	24	25
26	27	28				

MARCH

SUN	MON	TUE	WED	THU	FRI	SAT
			1	2	3	4
5	6	7	8	9	10	11
12	13	14	15	16	17	18
19	20	21	22	23	24	25
26	27	28	29	30	31	

APRIL

SUN	MON	TUE	WED	THU	FRI	SAT
						1
2	3	4	5	6	7	8
9	10	11	12	13	14	15
16	17	18	19	20	21	22
23	24	25	26	27	28	29
30						

MAY

SUN	MON	TUE	WED	THU	FRI	SAT
	1	2	3	4	5	6
7	8	9	10	11	12	13
14	15	16	17	18	19	20
21	22	23	24	25	26	27
28	29	30	31			

JUNE

SUN	MON	TUE	WED	THU	FRI	SAT
				1	2	3
4	5	6	7	8	9	10
11	12	13	14	15	16	17
18	19	20	21	22	23	24
25	26	27	28	29	30	

2023 Calender

JULY - DECEMBER

JULY

SUN	MON	TUE	WED	THU	FRI	SAT
25	26	27	28	29	30	1
2	3	4	5	6	7	8
9	10	11	12	13	14	15
16	17	18	19	20	21	22
23	24	25	26	27	28	29
30	31					

AUGUST

SUN	MON	TUE	WED	THU	FRI	SAT
30	31	1	2	3	4	5
6	7	8	9	10	11	12
13	14	15	16	17	18	19
20	21	22	23	24	25	26
27	28	29	30	31		

SEPTEMBER

SUN	MON	TUE	WED	THU	FRI	SAT
27	28	29	30	31	1	2
3	4	5	6	7	8	9
10	11	12	13	14	15	16
17	18	19	20	21	22	23
24	25	26	27	28	29	30

OCTOBER

SUN	MON	TUE	WED	THU	FRI	SAT
1	2	3	4	5	6	7
8	9	10	11	12	13	14
15	16	17	18	19	20	21
22	23	24	25	26	27	28
29	30	31				

NOVEMBER

SUN	MON	TUE	WED	THU	FRI	SAT
29	30	31	1	2	3	4
5	6	7	8	9	10	11
12	13	14	15	16	17	18
19	20	21	22	23	24	25
26	27	28	29	30		

DECEMBER

SUN	MON	TUE	WED	THU	FRI	SAT
26	27	28	29	30	1	2
3	4	5	6	7	8	9
10	11	12	13	14	15	16
17	18	19	20	21	22	23
24	25	26	27	28	29	30
31						

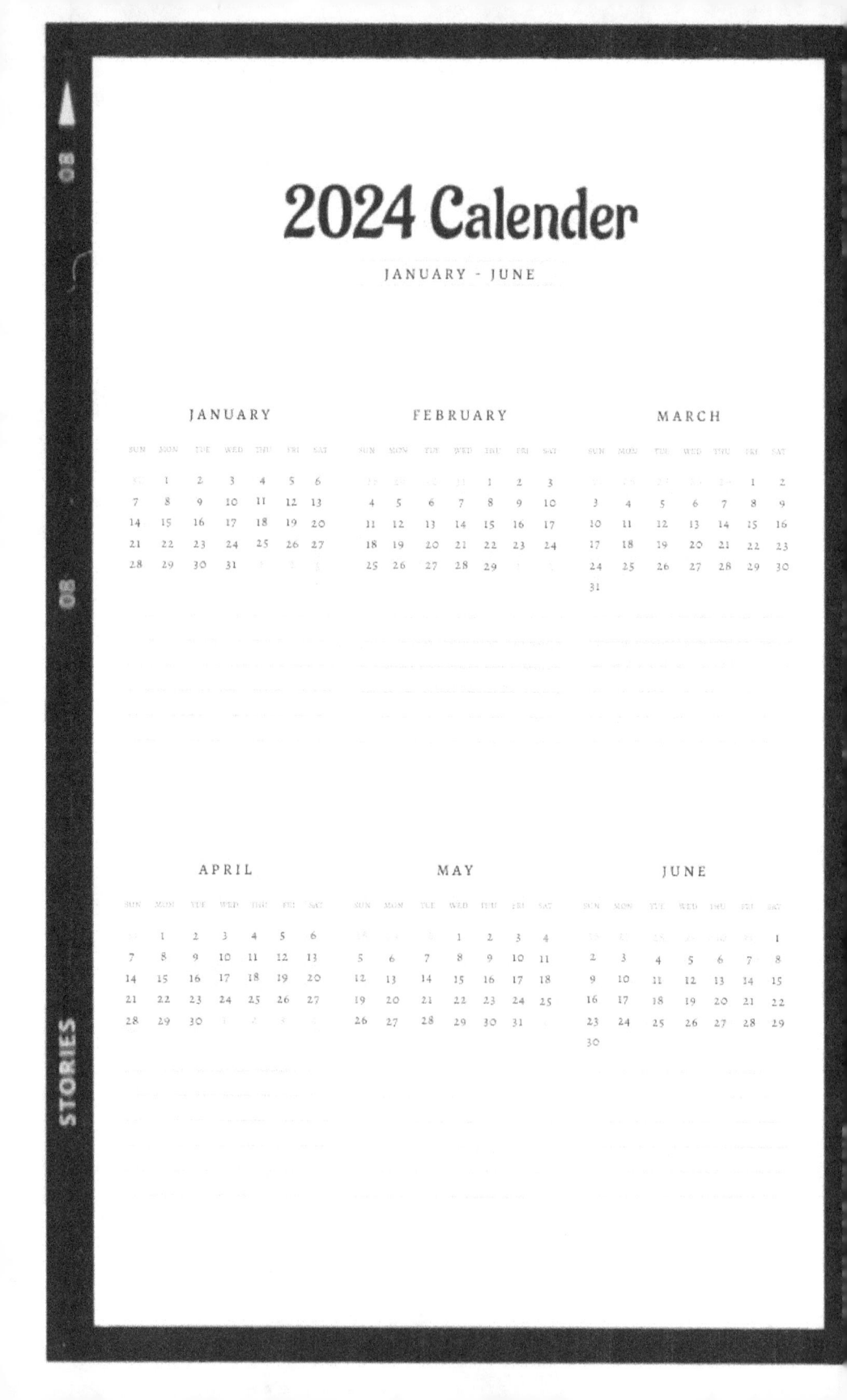

2024 Calender

JANUARY - JUNE

JANUARY

SUN	MON	TUE	WED	THU	FRI	SAT
	1	2	3	4	5	6
7	8	9	10	11	12	13
14	15	16	17	18	19	20
21	22	23	24	25	26	27
28	29	30	31			

FEBRUARY

SUN	MON	TUE	WED	THU	FRI	SAT
				1	2	3
4	5	6	7	8	9	10
11	12	13	14	15	16	17
18	19	20	21	22	23	24
25	26	27	28	29		

MARCH

SUN	MON	TUE	WED	THU	FRI	SAT
					1	2
3	4	5	6	7	8	9
10	11	12	13	14	15	16
17	18	19	20	21	22	23
24	25	26	27	28	29	30
31						

APRIL

SUN	MON	TUE	WED	THU	FRI	SAT
	1	2	3	4	5	6
7	8	9	10	11	12	13
14	15	16	17	18	19	20
21	22	23	24	25	26	27
28	29	30				

MAY

SUN	MON	TUE	WED	THU	FRI	SAT
			1	2	3	4
5	6	7	8	9	10	11
12	13	14	15	16	17	18
19	20	21	22	23	24	25
26	27	28	29	30	31	

JUNE

SUN	MON	TUE	WED	THU	FRI	SAT
						1
2	3	4	5	6	7	8
9	10	11	12	13	14	15
16	17	18	19	20	21	22
23	24	25	26	27	28	29
30						

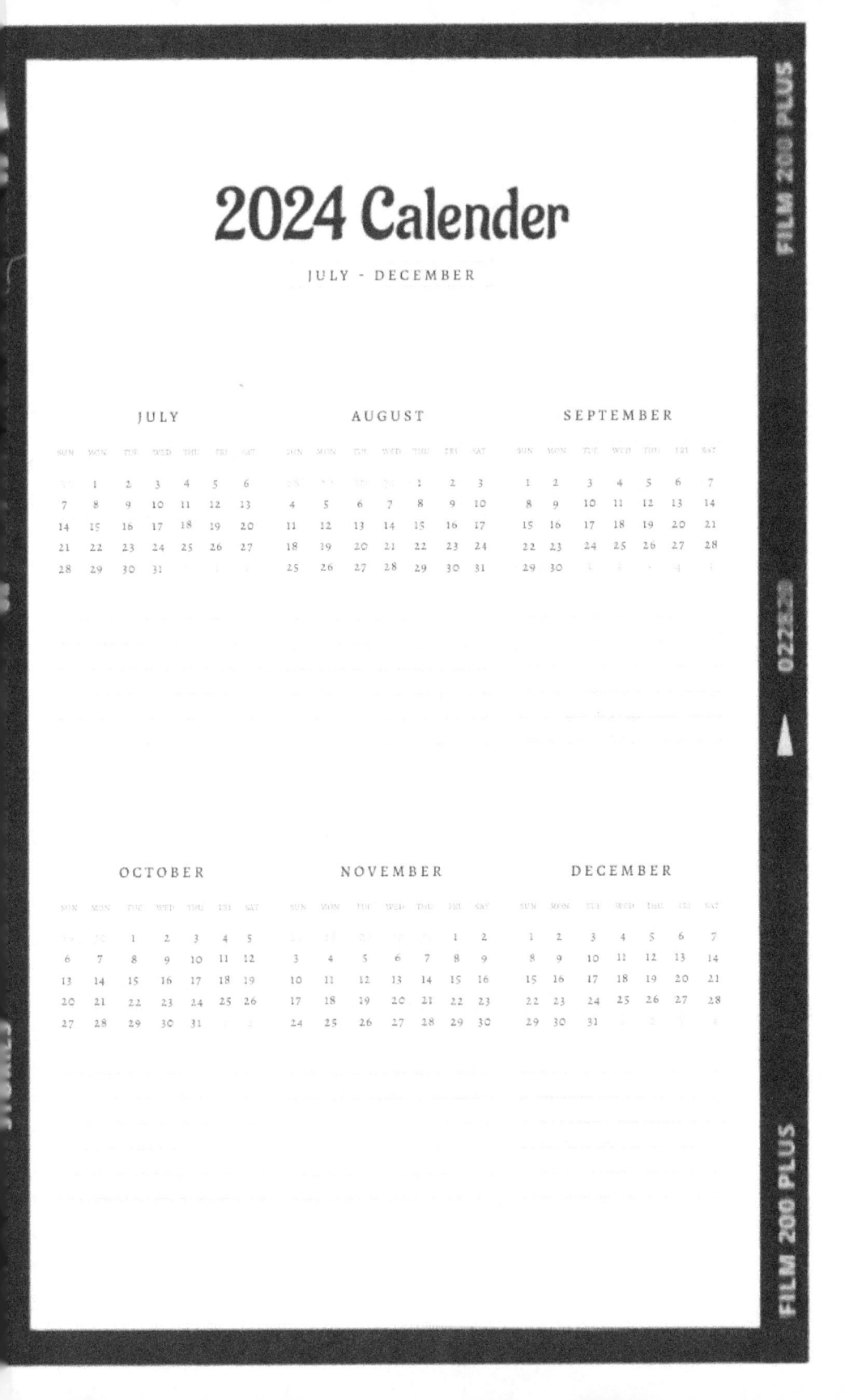

2024 Calender

JULY - DECEMBER

JULY

SUN	MON	TUE	WED	THU	FRI	SAT
	1	2	3	4	5	6
7	8	9	10	11	12	13
14	15	16	17	18	19	20
21	22	23	24	25	26	27
28	29	30	31			

AUGUST

SUN	MON	TUE	WED	THU	FRI	SAT
				1	2	3
4	5	6	7	8	9	10
11	12	13	14	15	16	17
18	19	20	21	22	23	24
25	26	27	28	29	30	31

SEPTEMBER

SUN	MON	TUE	WED	THU	FRI	SAT
1	2	3	4	5	6	7
8	9	10	11	12	13	14
15	16	17	18	19	20	21
22	23	24	25	26	27	28
29	30					

OCTOBER

SUN	MON	TUE	WED	THU	FRI	SAT
		1	2	3	4	5
6	7	8	9	10	11	12
13	14	15	16	17	18	19
20	21	22	23	24	25	26
27	28	29	30	31		

NOVEMBER

SUN	MON	TUE	WED	THU	FRI	SAT
					1	2
3	4	5	6	7	8	9
10	11	12	13	14	15	16
17	18	19	20	21	22	23
24	25	26	27	28	29	30

DECEMBER

SUN	MON	TUE	WED	THU	FRI	SAT
1	2	3	4	5	6	7
8	9	10	11	12	13	14
15	16	17	18	19	20	21
22	23	24	25	26	27	28
29	30	31				

2025 Calender

JANUARY - JUNE

JANUARY

SUN	MON	TUE	WED	THU	FRI	SAT
29	30	31	1	2	3	4
5	6	7	8	9	10	11
12	13	14	15	16	17	18
19	20	21	22	23	24	25
26	27	28	29	30	31	

FEBRUARY

SUN	MON	TUE	WED	THU	FRI	SAT
26	27	28	29	30	31	1
2	3	4	5	6	7	8
9	10	11	12	13	14	15
16	17	18	19	20	21	22
23	24	25	26	27	28	

MARCH

SUN	MON	TUE	WED	THU	FRI	SAT
23	24	25	26	27	28	1
2	3	4	5	6	7	8
9	10	11	12	13	14	15
16	17	18	19	20	21	22
23	24	25	26	27	28	29
30	31					

APRIL

SUN	MON	TUE	WED	THU	FRI	SAT
30	31	1	2	3	4	5
6	7	8	9	10	11	12
13	14	15	16	17	18	19
20	21	22	23	24	25	26
27	28	29	30			

MAY

SUN	MON	TUE	WED	THU	FRI	SAT
27	28	29	30	1	2	3
4	5	6	7	8	9	10
11	12	13	14	15	16	17
18	19	20	21	22	23	24
25	26	27	28	29	30	31

JUNE

SUN	MON	TUE	WED	THU	FRI	SAT
1	2	3	4	5	6	7
8	9	10	11	12	13	14
15	16	17	18	19	20	21
22	23	24	25	26	27	28
29	30					

2025 Calender

JULY - DECEMBER

JULY

SUN	MON	TUE	WED	THU	FRI	SAT
29	30	1	2	3	4	5
6	7	8	9	10	11	12
13	14	15	16	17	18	19
20	21	22	23	24	25	26
27	28	29	30	31		

AUGUST

SUN	MON	TUE	WED	THU	FRI	SAT
					1	2
3	4	5	6	7	8	9
10	11	12	13	14	15	16
17	18	19	20	21	22	23
24	25	26	27	28	29	30
31						

SEPTEMBER

SUN	MON	TUE	WED	THU	FRI	SAT
	1	2	3	4	5	6
7	8	9	10	11	12	13
14	15	16	17	18	19	20
21	22	23	24	25	26	27
28	29	30				

OCTOBER

SUN	MON	TUE	WED	THU	FRI	SAT
			1	2	3	4
5	6	7	8	9	10	11
12	13	14	15	16	17	18
19	20	21	22	23	24	25
26	27	28	29	30	31	

NOVEMBER

SUN	MON	TUE	WED	THU	FRI	SAT
						1
2	3	4	5	6	7	8
9	10	11	12	13	14	15
16	17	18	19	20	21	22
23	24	25	26	27	28	29
30						

DECEMBER

SUN	MON	TUE	WED	THU	FRI	SAT
	1	2	3	4	5	6
7	8	9	10	11	12	13
14	15	16	17	18	19	20
21	22	23	24	25	26	27
28	29	30	31			

2026 Calender

JANUARY - JUNE

JANUARY

SUN	MON	TUE	WED	THU	FRI	SAT
28	29	30	31	1	2	3
4	5	6	7	8	9	10
11	12	13	14	15	16	17
18	19	20	21	22	23	24
25	26	27	28	29	30	31

FEBRUARY

SUN	MON	TUE	WED	THU	FRI	SAT
1	2	3	4	5	6	7
8	9	10	11	12	13	14
15	16	17	18	19	20	21
22	23	24	25	26	27	28

MARCH

SUN	MON	TUE	WED	THU	FRI	SAT
1	2	3	4	5	6	7
8	9	10	11	12	13	14
15	16	17	18	19	20	21
22	23	24	25	26	27	28
29	30	31				

APRIL

SUN	MON	TUE	WED	THU	FRI	SAT
			1	2	3	4
5	6	7	8	9	10	11
12	13	14	15	16	17	18
19	20	21	22	23	24	25
26	27	28	29	30		

MAY

SUN	MON	TUE	WED	THU	FRI	SAT
					1	2
3	4	5	6	7	8	9
10	11	12	13	14	15	16
17	18	19	20	21	22	23
24	25	26	27	28	29	30
31						

JUNE

SUN	MON	TUE	WED	THU	FRI	SAT
	1	2	3	4	5	6
7	8	9	10	11	12	13
14	15	16	17	18	19	20
21	22	23	24	25	26	27
28	29	30				

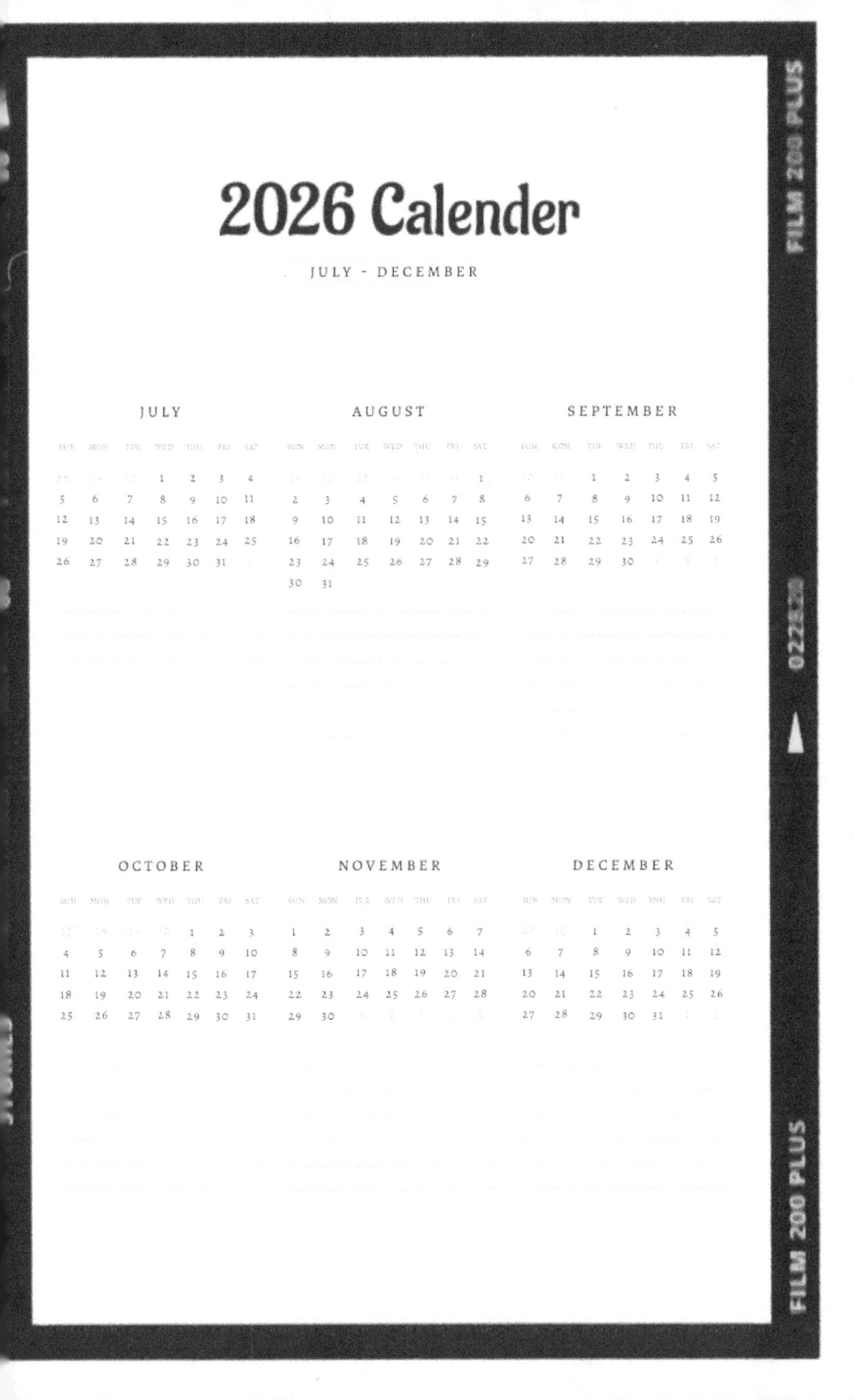

2026 Calender

JULY - DECEMBER

JULY

SUN	MON	TUE	WED	THU	FRI	SAT
28	29	30	1	2	3	4
5	6	7	8	9	10	11
12	13	14	15	16	17	18
19	20	21	22	23	24	25
26	27	28	29	30	31	

AUGUST

SUN	MON	TUE	WED	THU	FRI	SAT
26	27	28	29	30	31	1
2	3	4	5	6	7	8
9	10	11	12	13	14	15
16	17	18	19	20	21	22
23	24	25	26	27	28	29
30	31					

SEPTEMBER

SUN	MON	TUE	WED	THU	FRI	SAT
30	31	1	2	3	4	5
6	7	8	9	10	11	12
13	14	15	16	17	18	19
20	21	22	23	24	25	26
27	28	29	30			

OCTOBER

SUN	MON	TUE	WED	THU	FRI	SAT
27	28	29	30	1	2	3
4	5	6	7	8	9	10
11	12	13	14	15	16	17
18	19	20	21	22	23	24
25	26	27	28	29	30	31

NOVEMBER

SUN	MON	TUE	WED	THU	FRI	SAT
1	2	3	4	5	6	7
8	9	10	11	12	13	14
15	16	17	18	19	20	21
22	23	24	25	26	27	28
29	30					

DECEMBER

SUN	MON	TUE	WED	THU	FRI	SAT
29	30	1	2	3	4	5
6	7	8	9	10	11	12
13	14	15	16	17	18	19
20	21	22	23	24	25	26
27	28	29	30	31		

| SU | MO | TU | WE | TH | FR | SA |

DATE: / /

DATE: / /

| SU | MO | TU | WE | TH | FR | SA |

DATE: /   /

| SU | MO | TU | WE | TH | FR | SA |

DATE: / /

| SU | MO | TU | WE | TH | FR | SA |

DATE: / /

| SU | MO | TU | WE | TH | FR | SA |

DATE: / /

| SU | MO | TU | WE | TH | FR | SA |

DATE: / /

| SU | MO | TU | WE | TH | FR | SA |

DATE: / /

| SU | MO | TU | WE | TH | FR | SA |

DATE: / /

| SU | MO | TU | WE | TH | FR | SA |

DATE: / /

| SU | MO | TU | WE | TH | FR | SA |

DATE: / /

| SU | MO | TU | WE | TH | FR | SA |

DATE: / /

| SU | MO | TU | WE | TH | FR | SA |

DATE: / /

| SU | MO | TU | WE | TH | FR | SA |

DATE: / /

| SU | MO | TU | WE | TH | FR | SA |

DATE: / /

| SU | MO | TU | WE | TH | FR | SA |

DATE: / /

| SU | MO | TU | WE | TH | FR | SA |

DATE: /   /

| SU | MO | TU | WE | TH | FR | SA |

DATE: / /

| SU | MO | TU | WE | TH | FR | SA |

DATE: / /

| SU | MO | TU | WE | TH | FR | SA |

DATE: / /

| SU | MO | TU | WE | TH | FR | SA |

DATE: / /

| SU | MO | TU | WE | TH | FR | SA |

DATE: / /

| SU | MO | TU | WE | TH | FR | SA |

DATE: / /

| SU | MO | TU | WE | TH | FR | SA |

DATE: / /

| SU | MO | TU | WE | TH | FR | SA |

DATE: /   /

| SU | MO | TU | WE | TH | FR | SA |

DATE: /   /

| SU | MO | TU | WE | TH | FR | SA |

DATE: / /

| SU | MO | TU | WE | TH | FR | SA |

DATE: /   /

SU | MO | TU | WE | TH | FR | SA

DATE: / /

| SU | MO | TU | WE | TH | FR | SA |

DATE: / /

| SU | MO | TU | WE | TH | FR | SA |

DATE: / /

| SU | MO | TU | WE | TH | FR | SA |

DATE: /   /

| SU | MO | TU | WE | TH | FR | SA |

DATE: /   /

| SU | MO | TU | WE | TH | FR | SA |

DATE: / /

| SU | MO | TU | WE | TH | FR | SA |

DATE: /   /

| SU | MO | TU | WE | TH | FR | SA |

DATE: / /

| SU | MO | TU | WE | TH | FR | SA |

DATE: / /

| SU | MO | TU | WE | TH | FR | SA |

DATE: / /

| SU | MO | TU | WE | TH | FR | SA |

DATE: /   /

| SU | MO | TU | WE | TH | FR | SA |

DATE: / /

| SU | MO | TU | WE | TH | FR | SA |

DATE: / /

| SU | MO | TU | WE | TH | FR | SA |

DATE: / /

| SU | MO | TU | WE | TH | FR | SA |

DATE: /   /

| SU | MO | TU | WE | TH | FR | SA |

DATE: / /

| SU | MO | TU | WE | TH | FR | SA |

DATE: /   /

| SU | MO | TU | WE | TH | FR | SA |

DATE: / /

| SU | MO | TU | WE | TH | FR | SA |

DATE: /   /

SU|MO|TU|WE|TH|FR|SA DATE: / /

| SU | MO | TU | WE | TH | FR | SA |

DATE: / /

| SU | MO | TU | WE | TH | FR | SA |

DATE: / /

| SU | MO | TU | WE | TH | FR | SA |

DATE: / /

| SU | MO | TU | WE | TH | FR | SA |

DATE: /   /

| SU | MO | TU | WE | TH | FR | SA |

DATE: / /

| SU | MO | TU | WE | TH | FR | SA |

DATE: / /

| SU | MO | TU | WE | TH | FR | SA |

DATE: / /

| SU | MO | TU | WE | TH | FR | SA |

DATE: /   /

| SU | MO | TU | WE | TH | FR | SA |

DATE: /   /

| SU | MO | TU | WE | TH | FR | SA |

DATE: / /

| SU | MO | TU | WE | TH | FR | SA |

DATE: / /

| SU | MO | TU | WE | TH | FR | SA |

DATE: / /

| SU | MO | TU | WE | TH | FR | SA |

DATE: / /

| SU | MO | TU | WE | TH | FR | SA |

DATE: /   /

| SU | MO | TU | WE | TH | FR | SA |

DATE: / /

| SU | MO | TU | WE | TH | FR | SA |

DATE: /   /

| SU | MO | TU | WE | TH | FR | SA |

DATE: /   /

| SU | MO | TU | WE | TH | FR | SA |

DATE: /   /

| SU | MO | TU | WE | TH | FR | SA |

DATE: / /

| SU | MO | TU | WE | TH | FR | SA |

DATE: / /

| SU | MO | TU | WE | TH | FR | SA |

DATE: / /

| SU | MO | TU | WE | TH | FR | SA |

DATE: / /

| SU | MO | TU | WE | TH | FR | SA |

DATE: / /

| SU | MO | TU | WE | TH | FR | SA |

DATE: / /

| SU | MO | TU | WE | TH | FR | SA |

DATE: / /

| SU | MO | TU | WE | TH | FR | SA |

DATE: / /

| SU | MO | TU | WE | TH | FR | SA |

DATE: / /

| SU | MO | TU | WE | TH | FR | SA |

DATE: / /

| SU | MO | TU | WE | TH | FR | SA |

DATE: / /

| SU | MO | TU | WE | TH | FR | SA |

DATE: / /

| SU | MO | TU | WE | TH | FR | SA |

DATE: /   /

| SU | MO | TU | WE | TH | FR | SA |

DATE: / /

| SU | MO | TU | WE | TH | FR | SA |

DATE: / /

| SU | MO | TU | WE | TH | FR | SA |

DATE: /   /

| SU | MO | TU | WE | TH | FR | SA |

DATE: / /

| SU | MO | TU | WE | TH | FR | SA |

DATE: / /

| SU | MO | TU | WE | TH | FR | SA |

DATE: / /

| SU | MO | TU | WE | TH | FR | SA |

DATE: / /

| SU | MO | TU | WE | TH | FR | SA |

DATE: /   /

| SU | MO | TU | WE | TH | FR | SA |

DATE: / /

| SU | MO | TU | WE | TH | FR | SA |

DATE: /   /

| SU | MO | TU | WE | TH | FR | SA |

DATE: / /

| SU | MO | TU | WE | TH | FR | SA |

DATE: / /

| SU | MO | TU | WE | TH | FR | SA |

DATE: / /

| SU | MO | TU | WE | TH | FR | SA |

DATE: / /

| SU | MO | TU | WE | TH | FR | SA |

DATE: / /

| SU | MO | TU | WE | TH | FR | SA |

DATE: / /

| SU | MO | TU | WE | TH | FR | SA |

DATE: / /

| SU | MO | TU | WE | TH | FR | SA |

DATE: / /

| SU | MO | TU | WE | TH | FR | SA |

DATE: / /

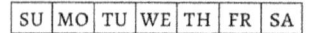

DATE: / /

| SU | MO | TU | WE | TH | FR | SA |

DATE: / /

| SU | MO | TU | WE | TH | FR | SA |

DATE: / /

| SU | MO | TU | WE | TH | FR | SA |

DATE: / /

| SU | MO | TU | WE | TH | FR | SA |

DATE: / /

| SU | MO | TU | WE | TH | FR | SA |

DATE: / /

| SU | MO | TU | WE | TH | FR | SA |

DATE: / /

| SU | MO | TU | WE | TH | FR | SA |

DATE: /   /

| SU | MO | TU | WE | TH | FR | SA |

DATE: / /

| SU | MO | TU | WE | TH | FR | SA |

DATE: / /

| SU | MO | TU | WE | TH | FR | SA |

DATE: / /

| SU | MO | TU | WE | TH | FR | SA |

DATE: / /

| SU | MO | TU | WE | TH | FR | SA |

DATE: / /

| SU | MO | TU | WE | TH | FR | SA |

DATE: / /

| SU | MO | TU | WE | TH | FR | SA |

DATE: / /

| SU | MO | TU | WE | TH | FR | SA |

DATE: / /

| SU | MO | TU | WE | TH | FR | SA |

DATE: / /

| SU | MO | TU | WE | TH | FR | SA |

DATE: /   /

| SU | MO | TU | WE | TH | FR | SA |

DATE: / /

| SU | MO | TU | WE | TH | FR | SA |

DATE: / /

| SU | MO | TU | WE | TH | FR | SA |

DATE: / /

| SU | MO | TU | WE | TH | FR | SA |

DATE: /   /

| SU | MO | TU | WE | TH | FR | SA |

DATE: / /

| SU | MO | TU | WE | TH | FR | SA |

DATE: / /

| SU | MO | TU | WE | TH | FR | SA |

DATE: / /

| SU | MO | TU | WE | TH | FR | SA |

DATE: / /

| SU | MO | TU | WE | TH | FR | SA |

DATE: / /

| SU | MO | TU | WE | TH | FR | SA |

DATE: / /

| SU | MO | TU | WE | TH | FR | SA |

DATE: / /

| SU | MO | TU | WE | TH | FR | SA |

DATE: / /

| SU | MO | TU | WE | TH | FR | SA |

DATE: / /

| SU | MO | TU | WE | TH | FR | SA |

DATE: / /

| SU | MO | TU | WE | TH | FR | SA |

DATE: / /

| SU | MO | TU | WE | TH | FR | SA |

DATE: /   /

| SU | MO | TU | WE | TH | FR | SA |

DATE: / /

| SU | MO | TU | WE | TH | FR | SA |

DATE: / /

| SU | MO | TU | WE | TH | FR | SA |

DATE: / /

| SU | MO | TU | WE | TH | FR | SA |

DATE: / /

| SU | MO | TU | WE | TH | FR | SA |

DATE: / /

| SU | MO | TU | WE | TH | FR | SA |

DATE: / /

| SU | MO | TU | WE | TH | FR | SA |

DATE: / /

| SU | MO | TU | WE | TH | FR | SA |

DATE: /   /

| SU | MO | TU | WE | TH | FR | SA |

DATE: /   /

| SU | MO | TU | WE | TH | FR | SA |

DATE: /   /

| SU | MO | TU | WE | TH | FR | SA |

DATE: /   /

| SU | MO | TU | WE | TH | FR | SA |

DATE: / /

| SU | MO | TU | WE | TH | FR | SA |

DATE: /   /

| SU | MO | TU | WE | TH | FR | SA |

DATE: / /

| SU | MO | TU | WE | TH | FR | SA |

DATE: / /

| SU | MO | TU | WE | TH | FR | SA |

DATE: / /

| SU | MO | TU | WE | TH | FR | SA |

DATE: / /

| SU | MO | TU | WE | TH | FR | SA |

DATE: /   /

| SU | MO | TU | WE | TH | FR | SA |

DATE: /   /

| SU | MO | TU | WE | TH | FR | SA |

DATE: / /

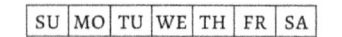

DATE: /   /

| SU | MO | TU | WE | TH | FR | SA |

DATE: / /

| SU | MO | TU | WE | TH | FR | SA |

DATE: / /

| SU | MO | TU | WE | TH | FR | SA |

DATE: / /

| SU | MO | TU | WE | TH | FR | SA |

DATE: /   /

| SU | MO | TU | WE | TH | FR | SA |

DATE: / /

SU | MO | TU | WE | TH | FR | SA

DATE: / /

| SU | MO | TU | WE | TH | FR | SA |

DATE: / /

| SU | MO | TU | WE | TH | FR | SA |

DATE: / /

| SU | MO | TU | WE | TH | FR | SA |

DATE: / /

| SU | MO | TU | WE | TH | FR | SA |

DATE: /   /

| SU | MO | TU | WE | TH | FR | SA |

DATE: / /

| SU | MO | TU | WE | TH | FR | SA |

DATE: / /

| SU | MO | TU | WE | TH | FR | SA |

DATE: / /

| SU | MO | TU | WE | TH | FR | SA |

DATE: / /

| SU | MO | TU | WE | TH | FR | SA |

DATE: / /

| SU | MO | TU | WE | TH | FR | SA |

DATE: / /

| SU | MO | TU | WE | TH | FR | SA |

DATE: / /

| SU | MO | TU | WE | TH | FR | SA |

DATE: / /

| SU | MO | TU | WE | TH | FR | SA |

DATE: /   /

| SU | MO | TU | WE | TH | FR | SA |

DATE: / /

| SU | MO | TU | WE | TH | FR | SA |

DATE: / /

| SU | MO | TU | WE | TH | FR | SA |

DATE: / /

| SU | MO | TU | WE | TH | FR | SA |

DATE: / /

| SU | MO | TU | WE | TH | FR | SA |

DATE: / /

| SU | MO | TU | WE | TH | FR | SA |

DATE: / /

| SU | MO | TU | WE | TH | FR | SA |

DATE: / /

| SU | MO | TU | WE | TH | FR | SA |

DATE: / /

| SU | MO | TU | WE | TH | FR | SA |

DATE: /   /

| SU | MO | TU | WE | TH | FR | SA |

DATE: / /

| SU | MO | TU | WE | TH | FR | SA |

DATE: / /

| SU | MO | TU | WE | TH | FR | SA |

DATE: /   /

| SU | MO | TU | WE | TH | FR | SA |

DATE: / /

| SU | MO | TU | WE | TH | FR | SA |

DATE: / /

| SU | MO | TU | WE | TH | FR | SA |

DATE: / /

| SU | MO | TU | WE | TH | FR | SA |

DATE: / /

| SU | MO | TU | WE | TH | FR | SA |

DATE: /   /

| SU | MO | TU | WE | TH | FR | SA |

DATE: / /

| SU | MO | TU | WE | TH | FR | SA |

DATE: / /

| SU | MO | TU | WE | TH | FR | SA |

DATE: / /

| SU | MO | TU | WE | TH | FR | SA |

DATE: / /

| SU | MO | TU | WE | TH | FR | SA |

DATE: / /

| SU | MO | TU | WE | TH | FR | SA |

DATE: / /

| SU | MO | TU | WE | TH | FR | SA |

DATE: /   /

| SU | MO | TU | WE | TH | FR | SA |

DATE: /   /

| SU | MO | TU | WE | TH | FR | SA |

DATE: / /

| SU | MO | TU | WE | TH | FR | SA |

DATE: / /

| SU | MO | TU | WE | TH | FR | SA |

DATE: / /

| SU | MO | TU | WE | TH | FR | SA |

DATE: / /

| SU | MO | TU | WE | TH | FR | SA |

DATE: /   /

| SU | MO | TU | WE | TH | FR | SA |

DATE: / /

| SU | MO | TU | WE | TH | FR | SA |

DATE: / /

| SU | MO | TU | WE | TH | FR | SA |

DATE: / /

| SU | MO | TU | WE | TH | FR | SA |

DATE: / /

| SU | MO | TU | WE | TH | FR | SA |

DATE: /   /

| SU | MO | TU | WE | TH | FR | SA |

DATE: / /

| SU | MO | TU | WE | TH | FR | SA |

DATE: / /

| SU | MO | TU | WE | TH | FR | SA |

DATE: /   /

| SU | MO | TU | WE | TH | FR | SA |

DATE: /   /

| SU | MO | TU | WE | TH | FR | SA |

DATE: / /

| SU | MO | TU | WE | TH | FR | SA |

DATE: / /

| SU | MO | TU | WE | TH | FR | SA |

DATE: / /

| SU | MO | TU | WE | TH | FR | SA |

DATE: / /

| SU | MO | TU | WE | TH | FR | SA |

DATE: / /

| SU | MO | TU | WE | TH | FR | SA |

DATE: / /

| SU | MO | TU | WE | TH | FR | SA |

DATE: / /

| SU | MO | TU | WE | TH | FR | SA |

DATE: / /

| SU | MO | TU | WE | TH | FR | SA |

DATE: / /

| SU | MO | TU | WE | TH | FR | SA |

DATE: / /

| SU | MO | TU | WE | TH | FR | SA |

DATE: / /

| SU | MO | TU | WE | TH | FR | SA |

DATE: / /

| SU | MO | TU | WE | TH | FR | SA |

DATE: / /

| SU | MO | TU | WE | TH | FR | SA |

DATE: / /

| SU | MO | TU | WE | TH | FR | SA |

DATE: / /

| SU | MO | TU | WE | TH | FR | SA |

DATE: / /

| SU | MO | TU | WE | TH | FR | SA |

DATE: /   /

| SU | MO | TU | WE | TH | FR | SA |

DATE: / /

| SU | MO | TU | WE | TH | FR | SA |

DATE: /   /

| SU | MO | TU | WE | TH | FR | SA |

DATE: / /

| SU | MO | TU | WE | TH | FR | SA |

DATE: /   /

| SU | MO | TU | WE | TH | FR | SA |

DATE: / /

| SU | MO | TU | WE | TH | FR | SA |

DATE: / /

| SU | MO | TU | WE | TH | FR | SA |

DATE: / /

| SU | MO | TU | WE | TH | FR | SA |

DATE: / /

| SU | MO | TU | WE | TH | FR | SA |

DATE: / /

| SU | MO | TU | WE | TH | FR | SA |

DATE: / /

| SU | MO | TU | WE | TH | FR | SA |

DATE: / /

| SU | MO | TU | WE | TH | FR | SA |

DATE: /   /

| SU | MO | TU | WE | TH | FR | SA |

DATE: / /

| SU | MO | TU | WE | TH | FR | SA |

DATE: / /

| SU | MO | TU | WE | TH | FR | SA |

DATE: /   /

| SU | MO | TU | WE | TH | FR | SA |

DATE: / /

| SU | MO | TU | WE | TH | FR | SA |

DATE: / /

SU | MO | TU | WE | TH | FR | SA

DATE: / /

| SU | MO | TU | WE | TH | FR | SA |

DATE: / /

| SU | MO | TU | WE | TH | FR | SA |

DATE: / /

| SU | MO | TU | WE | TH | FR | SA |

DATE: / /

| SU | MO | TU | WE | TH | FR | SA |

DATE: / /

| SU | MO | TU | WE | TH | FR | SA |

DATE: / /

| SU | MO | TU | WE | TH | FR | SA |

DATE: / /

| SU | MO | TU | WE | TH | FR | SA |

DATE: / /

| SU | MO | TU | WE | TH | FR | SA |

DATE: / /

| SU | MO | TU | WE | TH | FR | SA |

DATE: / /

| SU | MO | TU | WE | TH | FR | SA |

DATE: / /

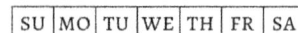

DATE: / /

| SU | MO | TU | WE | TH | FR | SA |

DATE: / /

| SU | MO | TU | WE | TH | FR | SA |

DATE: / /

| SU | MO | TU | WE | TH | FR | SA |

DATE: / /

| SU | MO | TU | WE | TH | FR | SA |

DATE: / /

| SU | MO | TU | WE | TH | FR | SA |

DATE: / /

| SU | MO | TU | WE | TH | FR | SA |

DATE: / /

| SU | MO | TU | WE | TH | FR | SA |

DATE: /   /

| SU | MO | TU | WE | TH | FR | SA |

DATE: / /

| SU | MO | TU | WE | TH | FR | SA |

DATE: / /

| SU | MO | TU | WE | TH | FR | SA |

DATE: /   /

| SU | MO | TU | WE | TH | FR | SA |

DATE: / /

| SU | MO | TU | WE | TH | FR | SA |

DATE: / /

| SU | MO | TU | WE | TH | FR | SA |

DATE: / /

| SU | MO | TU | WE | TH | FR | SA |

DATE: / /

| SU | MO | TU | WE | TH | FR | SA |

DATE: / /

| SU | MO | TU | WE | TH | FR | SA |

DATE: / /

| SU | MO | TU | WE | TH | FR | SA |

DATE: / /

| SU | MO | TU | WE | TH | FR | SA |

DATE: / /

| SU | MO | TU | WE | TH | FR | SA |

DATE: /   /

| SU | MO | TU | WE | TH | FR | SA |

DATE: / /

| SU | MO | TU | WE | TH | FR | SA |

DATE: / /

| SU | MO | TU | WE | TH | FR | SA |

DATE: / /

| SU | MO | TU | WE | TH | FR | SA |

DATE: / /

| SU | MO | TU | WE | TH | FR | SA |

DATE: /   /

| SU | MO | TU | WE | TH | FR | SA |

DATE: / /

| SU | MO | TU | WE | TH | FR | SA |

DATE: /   /

| SU | MO | TU | WE | TH | FR | SA |

DATE: / /

| SU | MO | TU | WE | TH | FR | SA |

DATE: / /

| SU | MO | TU | WE | TH | FR | SA |

DATE: /   /

| SU | MO | TU | WE | TH | FR | SA |

DATE: / /

| SU | MO | TU | WE | TH | FR | SA |

DATE: / /

| SU | MO | TU | WE | TH | FR | SA |

DATE: /   /

| SU | MO | TU | WE | TH | FR | SA |

DATE: / /

| SU | MO | TU | WE | TH | FR | SA |

DATE: / /

| SU | MO | TU | WE | TH | FR | SA |

DATE: /   /

| SU | MO | TU | WE | TH | FR | SA |

DATE: / /

| SU | MO | TU | WE | TH | FR | SA |

DATE: / /

| SU | MO | TU | WE | TH | FR | SA |

DATE: / /

| SU | MO | TU | WE | TH | FR | SA |

DATE: / /

| SU | MO | TU | WE | TH | FR | SA |

DATE: / /

| SU | MO | TU | WE | TH | FR | SA |

DATE: / /

| SU | MO | TU | WE | TH | FR | SA |

DATE: / /

| SU | MO | TU | WE | TH | FR | SA |

DATE: / /

| SU | MO | TU | WE | TH | FR | SA |

DATE: / /

| SU | MO | TU | WE | TH | FR | SA |

DATE: /   /

| SU | MO | TU | WE | TH | FR | SA |

DATE: / /

| SU | MO | TU | WE | TH | FR | SA |

DATE: / /

| SU | MO | TU | WE | TH | FR | SA |

DATE: /   /

| SU | MO | TU | WE | TH | FR | SA |

DATE: / /

| SU | MO | TU | WE | TH | FR | SA |

DATE: /   /

| SU | MO | TU | WE | TH | FR | SA |

DATE: / /

| SU | MO | TU | WE | TH | FR | SA |

DATE: / /

| SU | MO | TU | WE | TH | FR | SA |

DATE: / /

| SU | MO | TU | WE | TH | FR | SA |

DATE: / /

| SU | MO | TU | WE | TH | FR | SA |

DATE: / /

| SU | MO | TU | WE | TH | FR | SA |

DATE: /   /

| SU | MO | TU | WE | TH | FR | SA |

DATE: / /

| SU | MO | TU | WE | TH | FR | SA |

DATE: / /

| SU | MO | TU | WE | TH | FR | SA |

DATE: / /

| SU | MO | TU | WE | TH | FR | SA |

DATE: / /

| SU | MO | TU | WE | TH | FR | SA |

DATE: /   /

| SU | MO | TU | WE | TH | FR | SA |

DATE: / /

| SU | MO | TU | WE | TH | FR | SA |

DATE: / /

| SU | MO | TU | WE | TH | FR | SA |

DATE: / /

SU | MO | TU | WE | TH | FR | SA

DATE: / /

| SU | MO | TU | WE | TH | FR | SA |

DATE: / /

| SU | MO | TU | WE | TH | FR | SA |

DATE: /   /

| SU | MO | TU | WE | TH | FR | SA |

DATE: / /

| SU | MO | TU | WE | TH | FR | SA |

DATE: / /

| SU | MO | TU | WE | TH | FR | SA |

DATE: / /

| SU | MO | TU | WE | TH | FR | SA |

DATE: / /

| SU | MO | TU | WE | TH | FR | SA |

DATE: / /

| SU | MO | TU | WE | TH | FR | SA |

DATE: / /

| SU | MO | TU | WE | TH | FR | SA |

DATE: / /

| SU | MO | TU | WE | TH | FR | SA |

DATE: /   /

| SU | MO | TU | WE | TH | FR | SA |

DATE: /   /

| SU | MO | TU | WE | TH | FR | SA |

DATE: / /

| SU | MO | TU | WE | TH | FR | SA |

DATE: / /

| SU | MO | TU | WE | TH | FR | SA |

DATE: /   /

| SU | MO | TU | WE | TH | FR | SA |

DATE: / /

| SU | MO | TU | WE | TH | FR | SA |

DATE: / /

| SU | MO | TU | WE | TH | FR | SA |

DATE: / /

| SU | MO | TU | WE | TH | FR | SA |

DATE: / /

| SU | MO | TU | WE | TH | FR | SA |

DATE: / /

| SU | MO | TU | WE | TH | FR | SA |

DATE: / /

| SU | MO | TU | WE | TH | FR | SA |

DATE: / /

| SU | MO | TU | WE | TH | FR | SA |

DATE: / /

| SU | MO | TU | WE | TH | FR | SA |

DATE: /   /

| SU | MO | TU | WE | TH | FR | SA |

DATE: / /

| SU | MO | TU | WE | TH | FR | SA |

DATE: / /

| SU | MO | TU | WE | TH | FR | SA |

DATE: / /

| SU | MO | TU | WE | TH | FR | SA |

DATE: /   /

| SU | MO | TU | WE | TH | FR | SA |

DATE: / /

| SU | MO | TU | WE | TH | FR | SA |

DATE: / /

| SU | MO | TU | WE | TH | FR | SA |

DATE: / /

| SU | MO | TU | WE | TH | FR | SA |

DATE: /   /

| SU | MO | TU | WE | TH | FR | SA |

DATE: / /

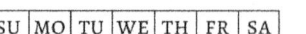   DATE: / /

| SU | MO | TU | WE | TH | FR | SA |

DATE: / /

| SU | MO | TU | WE | TH | FR | SA |

DATE: / /

| SU | MO | TU | WE | TH | FR | SA |

DATE: / /

| SU | MO | TU | WE | TH | FR | SA |

DATE: / /

| SU | MO | TU | WE | TH | FR | SA |

DATE: /   /

| SU | MO | TU | WE | TH | FR | SA |

DATE: / /

| SU | MO | TU | WE | TH | FR | SA |

DATE: / /

| SU | MO | TU | WE | TH | FR | SA |

DATE: / /

| SU | MO | TU | WE | TH | FR | SA |

DATE: / /

| SU | MO | TU | WE | TH | FR | SA |

DATE: / /

| SU | MO | TU | WE | TH | FR | SA |

DATE: / /

| SU | MO | TU | WE | TH | FR | SA |

DATE: / /

| SU | MO | TU | WE | TH | FR | SA |

DATE: / /

| SU | MO | TU | WE | TH | FR | SA |

DATE: / /

| SU | MO | TU | WE | TH | FR | SA |

DATE: / /

| SU | MO | TU | WE | TH | FR | SA |

DATE: / /

| SU | MO | TU | WE | TH | FR | SA |

DATE: /   /

| SU | MO | TU | WE | TH | FR | SA |

DATE: / /

| SU | MO | TU | WE | TH | FR | SA |

DATE: / /

| SU | MO | TU | WE | TH | FR | SA |

DATE: / /

| SU | MO | TU | WE | TH | FR | SA |

DATE: /   /

| SU | MO | TU | WE | TH | FR | SA |

DATE: / /

| SU | MO | TU | WE | TH | FR | SA |

DATE: /   /

| SU | MO | TU | WE | TH | FR | SA |

DATE: / /

| SU | MO | TU | WE | TH | FR | SA |

DATE: / /

| SU | MO | TU | WE | TH | FR | SA |

DATE: / /

| SU | MO | TU | WE | TH | FR | SA |

DATE: / /

| SU | MO | TU | WE | TH | FR | SA |

DATE: / /

| SU | MO | TU | WE | TH | FR | SA |

DATE: / /

| SU | MO | TU | WE | TH | FR | SA |

DATE: / /

| SU | MO | TU | WE | TH | FR | SA |

DATE: / /

| SU | MO | TU | WE | TH | FR | SA |

DATE: / /

| SU | MO | TU | WE | TH | FR | SA |

DATE: / /

| SU | MO | TU | WE | TH | FR | SA |

DATE: /   /

| SU | MO | TU | WE | TH | FR | SA |

DATE: / /

| SU | MO | TU | WE | TH | FR | SA |

DATE: / /

| SU | MO | TU | WE | TH | FR | SA |

DATE: /   /

| SU | MO | TU | WE | TH | FR | SA |

DATE: /   /

| SU | MO | TU | WE | TH | FR | SA |

DATE: / /

| SU | MO | TU | WE | TH | FR | SA |

DATE: / /

| SU | MO | TU | WE | TH | FR | SA |

DATE: / /

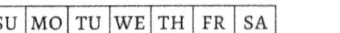 DATE: / /

| SU | MO | TU | WE | TH | FR | SA |

DATE: /   /

| SU | MO | TU | WE | TH | FR | SA |

DATE: / /

| SU | MO | TU | WE | TH | FR | SA |

DATE: / /

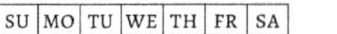

DATE: / /

| SU | MO | TU | WE | TH | FR | SA |

DATE: / /

| SU | MO | TU | WE | TH | FR | SA |

DATE: / /

| SU | MO | TU | WE | TH | FR | SA |

DATE: / /

| SU | MO | TU | WE | TH | FR | SA |

DATE: / /

| SU | MO | TU | WE | TH | FR | SA |

DATE: / /

| SU | MO | TU | WE | TH | FR | SA |

DATE: /   /

| SU | MO | TU | WE | TH | FR | SA |

DATE: / /

| SU | MO | TU | WE | TH | FR | SA |

DATE: / /

| SU | MO | TU | WE | TH | FR | SA |

DATE: / /

| SU | MO | TU | WE | TH | FR | SA |

DATE: / /

| SU | MO | TU | WE | TH | FR | SA |

DATE: / /

| SU | MO | TU | WE | TH | FR | SA |

DATE: / /

| SU | MO | TU | WE | TH | FR | SA |

DATE: / /

| SU | MO | TU | WE | TH | FR | SA |

DATE: / /

| SU | MO | TU | WE | TH | FR | SA |

DATE: / /

| SU | MO | TU | WE | TH | FR | SA |

DATE: /   /

| SU | MO | TU | WE | TH | FR | SA |

DATE: / /

| SU | MO | TU | WE | TH | FR | SA |

DATE: / /

| SU | MO | TU | WE | TH | FR | SA |

DATE: / /

| SU | MO | TU | WE | TH | FR | SA |

DATE: / /

| SU | MO | TU | WE | TH | FR | SA |

DATE: /   /

| SU | MO | TU | WE | TH | FR | SA |

DATE: / /

| SU | MO | TU | WE | TH | FR | SA |

DATE: / /

| SU | MO | TU | WE | TH | FR | SA |

DATE: / /

| SU | MO | TU | WE | TH | FR | SA |

DATE: / /

| SU | MO | TU | WE | TH | FR | SA |

DATE: / /

| SU | MO | TU | WE | TH | FR | SA |

DATE: / /

| SU | MO | TU | WE | TH | FR | SA |

DATE: / /

| SU | MO | TU | WE | TH | FR | SA |

DATE: / /

| SU | MO | TU | WE | TH | FR | SA |

DATE: / /

| SU | MO | TU | WE | TH | FR | SA |

DATE: / /

| SU | MO | TU | WE | TH | FR | SA |

DATE: / /

| SU | MO | TU | WE | TH | FR | SA |

DATE: / /

| SU | MO | TU | WE | TH | FR | SA |

DATE: / /

| SU | MO | TU | WE | TH | FR | SA |

DATE: / /

| SU | MO | TU | WE | TH | FR | SA |

DATE: / /

| SU | MO | TU | WE | TH | FR | SA |

DATE: / /

| SU | MO | TU | WE | TH | FR | SA |

DATE: /   /

| SU | MO | TU | WE | TH | FR | SA |

DATE: / /

| SU | MO | TU | WE | TH | FR | SA |

DATE: / /

| SU | MO | TU | WE | TH | FR | SA |

DATE: / /

| SU | MO | TU | WE | TH | FR | SA |

DATE: / /

| SU | MO | TU | WE | TH | FR | SA |

DATE: / /

| SU | MO | TU | WE | TH | FR | SA |

DATE: / /

| SU | MO | TU | WE | TH | FR | SA |

DATE: /   /

| SU | MO | TU | WE | TH | FR | SA |

DATE: /   /

| SU | MO | TU | WE | TH | FR | SA |

DATE: / /

| SU | MO | TU | WE | TH | FR | SA |

DATE: / /

| SU | MO | TU | WE | TH | FR | SA |

DATE: / /

| SU | MO | TU | WE | TH | FR | SA |

DATE: / /

| SU | MO | TU | WE | TH | FR | SA |

DATE: / /

| SU | MO | TU | WE | TH | FR | SA |

DATE: / /

| SU | MO | TU | WE | TH | FR | SA |

DATE: /   /

| SU | MO | TU | WE | TH | FR | SA |

DATE: / /

| SU | MO | TU | WE | TH | FR | SA |

DATE: / /

| SU | MO | TU | WE | TH | FR | SA |

DATE: / /

| SU | MO | TU | WE | TH | FR | SA |

DATE: / /

| SU | MO | TU | WE | TH | FR | SA |

DATE: /   /

| SU | MO | TU | WE | TH | FR | SA |

DATE: / /

| SU | MO | TU | WE | TH | FR | SA |

DATE: / /

| SU | MO | TU | WE | TH | FR | SA |

DATE: /   /

| SU | MO | TU | WE | TH | FR | SA |

DATE: /   /

| SU | MO | TU | WE | TH | FR | SA |

DATE: / /

| SU | MO | TU | WE | TH | FR | SA |

DATE: / /

| SU | MO | TU | WE | TH | FR | SA |

DATE: /   /

| SU | MO | TU | WE | TH | FR | SA |

DATE: / /

| SU | MO | TU | WE | TH | FR | SA |

DATE: / /

| SU | MO | TU | WE | TH | FR | SA |

DATE: / /

| SU | MO | TU | WE | TH | FR | SA |

DATE: / /

| SU | MO | TU | WE | TH | FR | SA |

DATE: / /

| SU | MO | TU | WE | TH | FR | SA |

DATE: / /

| SU | MO | TU | WE | TH | FR | SA |

DATE: / /

| SU | MO | TU | WE | TH | FR | SA |

DATE: / /

| SU | MO | TU | WE | TH | FR | SA |

DATE: /   /

| SU | MO | TU | WE | TH | FR | SA |

DATE: / /

| SU | MO | TU | WE | TH | FR | SA |

DATE: / /

| SU | MO | TU | WE | TH | FR | SA |

DATE: /   /

| SU | MO | TU | WE | TH | FR | SA |

DATE: / /

| SU | MO | TU | WE | TH | FR | SA |

DATE: / /

| SU | MO | TU | WE | TH | FR | SA |

DATE: / /

| SU | MO | TU | WE | TH | FR | SA |

DATE: / /

| SU | MO | TU | WE | TH | FR | SA |

DATE: /   /

| SU | MO | TU | WE | TH | FR | SA |

DATE: / /

| SU | MO | TU | WE | TH | FR | SA |

DATE: / /

| SU | MO | TU | WE | TH | FR | SA |

DATE: / /

| SU | MO | TU | WE | TH | FR | SA |

DATE: /   /

www.ingramcontent.com/pod-product-compliance
Lightning Source LLC
Chambersburg PA
CBHW071536210326
41597CB00019B/3015